REFLEXIONS

SUR DIFFÉRENS ARTICLES

DU

JOURNAL DES DÉBATS.

Par M. Péche

[illegible]

RÉFLEXIONS

SUR DIFFÉRENS ARTICLES

DU

JOURNAL DES DÉBATS,

RELATIFS

AUX AFFAIRES D'ESPAGNE.

PARIS,

CHEZ C.-J. TROUVÉ, IMPRIMEUR-LIBRAIRE,

RUE NEUVE-SAINT-AUGUSTIN, N° 17.

Décembre 1822.

RÉFLEXIONS

SUR DIFFÉRENS ARTICLES

DU

JOURNAL DES DÉBATS,

RELATIFS

AUX AFFAIRES D'ESPAGNE.

PEU de temps après l'insurrection de l'île de Léon, et lorsque les Cortès étaient déjà convoquées, il parut dans le *Journal des Débats* un long article, dont l'objet était de prouver que la nouvelle Constitution, malgré tous les germes de mort qu'elle renferme, pouvait convenir cependant à l'Espagne, et assurer sa tranquillité, au moyen de certaines modifications que l'on se contentait d'indiquer, sans s'expliquer trop clairement sur leur nature.

Rien jusqu'alors n'avait préparé les lecteurs du *Journal des Débats* à ce genre de concessions; et aussi y en eut-il beaucoup d'étonnés, et bien peu, je pense, de convaincus. Aujourd'hui que l'Espagne est en feu par suite des développemens successifs et non encore à leur fin, de cette révolution des Cortès; aujourd'hui que de ce terrible foyer, alimenté par toutes les passions révolutionnaires, peuvent partir des étincelles qui embrasent de nouveau le Monde, cette même feuille vient nous montrer encore ses opinions de 1820. Rien ne l'empêche sans doute de les publier; mais puisqu'elle lui ont déjà concilié, dit-il, tant et tant de partisans, pourquoi ces formes de critique si amères, si tranchantes contre les opinions opposées? Pourquoi ces mots si souvent répétés de *phrases*, de *rêves*, d'*illusions*, qui couvrent mal ceux d'ignorance et de bêtise, dont on aurait voulu se servir, et qui ont fait croire à quelques personnes que ces articles *des Débats* étaient provoqués et presque dictés, n'importe les motifs, par des hommes que l'exercice d'un long pouvoir, et des fonctions élevées qu'environnent toujours la flatterie et l'espérance, a gâtés jusqu'au mépris des premières bienséances sociales.

Mais, quoi qu'il en soit, de cette hauteur de dédain avec laquelle ces publicistes rejettent des opinions et des projets qui ne sont pas les leurs, il m'est permis sûrement d'examiner ceux qu'ils laissent entrevoir plutôt qu'ils ne les expriment, et de chercher à tirer de l'ensemble de leurs articles toutes leurs pensées sur les chances politiques que présentent les déterminations à prendre relativement à l'Espagne.

D'abord, pas de guerre, au moins dans le moment actuel, et dangers de toute espèce dans l'occupation plus ou moins prolongée qui serait la suite nécessaire de l'invasion : voilà, sans contredit, ce que tout le monde a dû voir dans le *Journal des Débats*. Il faut avouer que depuis bien plus de six mois, il a été aisé de prévoir la fâcheuse nécessité où l'on ne tarderait pas à se trouver de faire la guerre dans la Péninsule ; et il est également vrai que, depuis, plusieurs circonstances se sont présentées qui auraient rendu une invasion très-peu difficile ; mais pour cela, faudrait-il la regarder aujourd'hui comme tout-à-fait inopportune, ou compterait-on assez sur le succès des négociations entamées avec les Cortès pour la croire évitable ? Quant aux dangers de cette invasion, dont je ne veux rien dissimuler, il s'en faut bien qu'ils soient insurmontables, surtout si l'on sait se servir habilement des insurrections partielles qui ont eu lieu déjà, et que la présence d'une armée française encouragera et multipliera au centuple. Que les *Débats* ne traitent pas ceci d'*illusions* et de *phrases* ; nous avons bien plus de raisons pour penser ainsi, qu'ils n'en ont pour croire le contraire.

Sans doute une extrême prudence doit présider à tout ce qu'on voudra entreprendre dans un pays et contre un peuple qui ressemblent si peu l'un et l'autre à tout ce qui se voit ailleurs en Europe. Mais pourquoi vouloir faire de ce qui est difficile, une chose impossible aux armées et à la politique de la France, alors surtout que celle-ci agira dans l'intérêt de toutes les nations, et quand il n'est question que d'arracher l'Espagne à ses propres fureurs et de rétablir dans ce royaume des principes de gouvernement qui garantissent sa tranquillité et celle de ses voisins (1).

---

(1) Le *Journal des Débats* insiste sans cesse sur la paix, que tout le monde desire, et ne veut pas de la guerre, dont personne ne se dissimule les inconvéniens, mais qui pourrait être pourtant le moyen le plus sûr, le plus facile, je dirai aussi le moins dispendieux, de parvenir à celle-là. Il veut que l'on traite, mais avec qui? avec les Cortès, sans doute, puisqu'il n'y a pas d'autre puissance en Espagne, et que l'opposition, c'est-à-dire les neuf dixièmes de la nation, quoi qu'on puisse en dire, n'a pu se montrer jusqu'à présent que parmi les *guérillas*, que l'Europe aura honte un jour de n'avoir pas osé armer par respect pour des traités si insolemment violés chaque jour. Mais je reviens à cette

D'ailleurs, si le *Journal des Débats* nous encourage lui-même à braver, dans le cas où certains événemens auraient lieu, les périls dont il s'effraie en ce moment, ne paraîtrait-il pas plus simple de chercher à prévenir ces événemens par de promptes déterminations? Le courage français ne peut-il donc être excité que par le desir de la vengeance? et, dans tous les temps, le plus sûr des calculs pour de grands États n'est-il pas de tout oser à la vue d'un danger imminent? On appellera encore cela de la *politique de sentiment;* mais de même qu'il y a aussi une logique de sentiment qui n'a pas toujours

---

modération *des Débats* qui a séduit tant de gens, ce qui m'étonne peu dans une ville surtout où la sécurité du moment passe toujours avant l'avenir, et qui, au milieu des plaisirs dont on l'enivre à chaque instant, ne voit les dangers qu'alors qu'il lui faut interrompre ses jouissances. Les craintes que la guerre inspirerait au commerce, méritent seules d'être prises en considération; mais outre que cette guerre serait de courte durée, outre qu'il ne paraît pas possible que l'Angleterre n'adopte des mesures pour empêcher sa marine marchande d'aller prendre des lettres de marque du gouvernement des Cortès, que l'on calcule ce que les troubles d'Espagne font éprouver de perte à notre commerce intérieur! Combien de gens à Paris qui le savent mieux que moi, et qui veulent paraître ne pas s'en douter.

déraisonné, pourquoi les inspirations d'une politique sentimentale ne vaudraient-elles pas mieux quelquefois que les conseils tardifs de cette prudence qui cherche à cacher, dans des délais et des moyens termes, une faiblesse dont l'ennemi ne manque jamais de s'apercevoir et de profiter?

Une franche loyauté et une sincère bonne foi dans toutes ses transactions, je ne conçois pas autrement la politique. Mais faut-il appliquer ces principes à des gouvernemens dans la crise du désordre, et livrés tout entiers aux factions populaires? Les Cortès, au mépris de tout droit des gens, reçoivent et encouragent les traitres d'un pays voisin; ils provoquent ses soldats à la désertion, et leur montrent leur propre pays comme devant bientôt devenir le théâtre d'une guerre où se confondront les drapeaux des deux nations. Tout à l'heure encore leurs généraux appelaient à eux nos troupes rangées sur l'extrême frontière. — Que faut-il de plus? Veut-on exposer nos braves à de nouveaux affronts, et par suite de je ne sais quels ménagemens, de je ne sais quelles espérances, ne craint-on pas de décourager nos propres troupes, et ces bandes fidèles que nous serions dispensés de nourrir aujourd'hui, si nous avions su les armer? La dépense est la même; elle eût été moins grande peut-être dans le dernier cas; et que l'on voie à présent la différence des résultats!

Mais il semble que toute élévation va s'effaçant en Europe, et que partout les âmes y perdent de leur dignité et de leur ressort. Vouloir, est un trop grand effort pour nos gouvernemens; tout y va aboutir à des calculs plus ou moins timides, à des combinaisons plus ou moins compliquées dont le moindre danger serait de laisser toujours les choses au même point, mais qui, le plus souvent, multiplient les difficultés et finissent par les rendre insurmontables.

Toutefois, il serait encore temps; mais il faudrait de ces résolutions nobles et généreuses qui sont aussi de la prudence et qui ont si souvent sauvé les nations. Bien surs que nous sommes de trouver en Espagne d'innombrables auxiliaires, portons leur des armes; ils nous rendront facile la route de Madrid. Les rebelles sans doute résisteront encore; mais affaiblis bientôt par des désertions et par la difficulté de se recruter, ils n'opposeront plus aux fidèles Espagnols qu'une résistance vaine; et les guerillas ou de petits corps d'armée qu'il faudra toujours appeler *les troupes de la Foi,* suffiront presque pour réduire ces fiers révolutionnaires en horreur pour leurs doctrines, et bien plus puissans par leur férocité que par leur nombre.

Il est bien entendu que, de toutes manières, la conduite de nos soldats sera sans reproche et que leurs chefs donneront l'exemple d'une discipline sévère. C'est à ce prix, et seulement à ce prix, que nous nous concilierons l'amitié d'un peuple qui ne la donne jamais en vain. Et comment ne l'accorderait-il pas aux nobles motifs qui nous auront fait entrer chez lui? Je dirai, moi aussi, comme messieurs *des Débats*, que cette nation est impatiente de tout joug étranger, et qu'alors même que nous venons à son secours contre ses oppresseurs, il faut qu'elle reste bien convaincue qu'il n'y a de notre part aucune arrière pensée. Mais c'est plus qu'il ne faut de sa sagacité pour deviner sans peine que rien de suspect ou d'hostile ne peut se mêler aux vues du gouvernement français, que la paix de la Péninsule espagnole est un garant indispensable de la nôtre et qu'un gouvernement régulier et solide établi chez eux, est certes une assez belle conquête, pour qu'on ne doive pas nous soupçonner d'aspirer à aucune autre.

Que si l'on me demandait à présent sur qui pourrait se porter l'humeur ombrageuse des Espagnols, et quelle classe de Français sera éternellement l'objet de ses soupçons ou plutôt de sa haine, je répondrais avec toute la certitude que peut donner une longue expérience du peuple espagnol, que ce seront ceux qui auront travaillé au grand-œuvre de sa régénération, et plus particulièment peut-être ces spéculateurs cupides qui, après avoir acquis (et qui sait à quel prix !) les riches dépouilles de leurs concitoyens, croiraient pouvoir impunément venir en jouir au milieu d'eux. Ils les vendront, me dira-t-on; mais où seront les acheteurs? et y eût-il jamais assez d'or dans la Péninsule pour payer la plus faible portion de ces immenses possessions? le danger serait moindre sans doute pour des acquéreurs de seconde main, surtout s'ils étaient espagnols; mais les risques paraîtraient toujours assez grands à ceux-ci pour les empêcher de s'y exposer.

Il y aurait pourtant un cas, et je ne veux pas le prévoir, où entrés dans la Péninsule comme amis et comme libérateurs, toute reconnaissance cesserait de la part du peuple espagnol, et où nous pourrions voir s'élever contre nous ses défiances et son orgueil; ce serait celui où l'on voudrait lui imposer une forme de gouvernement qui ne serait, ni dans ses mœurs, ni dans ses habitudes. Je crois avoir entendu parler de la Constitution qui nous régit aujourd'hui comme pouvant faire disparaître toutes les dissidences en Espagne et y satisfaire en même temps toutes les ambitions. Il me paraît au moins douteux qu'elle y produisît ces deux effets. Et ensuite, n'y aurait-il réellement pour toutes les maladies du corps social qu'un seul remède, que l'on appliquerait toujours sans avoir égard au tempérament moral des peuples.

On n'a pas oublié le temps où la France devenue république ne voulait que des républiques autour d'elle, comme si des rapports de formes dans les gouvernemens devaient résulter à jamais des rapports d'intérêts. Il en eût été bientôt entre ces républiques comme des alliances de famille, qui cependant paraissent bien plus propres à rapprocher les nations. Aujourd'hui ce sont des gouvernemens constitutionnels que l'on veut voir s'établir partout. Assurément je ne veux point nier les avantages que l'on peut y trouver; mais que l'on consulte les ministres des États régis de cette manière: ne conviendront-ils pas tous que l'administration y est lente, compliquée, plus dispendieuse qu'ailleurs? Les difficultés s'y présentent à chaque instant pour les choses les plus faciles, souvent les plus nécessaires; et, à la veille de l'exécution, il est encore douteux si l'on exécutera. Deux vers de Pope à ce sujet sont devenus comme proverbe, et me paraissent renfermer une grande vérité (1). Vaudrait-il mieux avoir recours au despotisme, me dira-t-on? mais où donc le trouverait-on ce despotisme aujourd'hui? La disposition des esprits et les lumières des souverains l'ont rendu impossible; je n'excepte pas même le Danemarck.

Un grand exemple séduisit et entraîna nos écrivains du dernier siècle. L'Angleterre se présentait à eux brillante de richesse et de prospérités; et ce que plusieurs estimèrent bien au-dessus de cela, c'était le droit de contredire, d'insulter les ministres et même le Souverain. De-là on conclut que tant de grandeur et de liberté résultaient uniquement de la forme du Gouvernement. N'aurait-il pas été mieux de se demander avant tout, si, avec d'autres institutions nées dans ces temps éloignés où les peuples étaient peu difficiles en fait de croyances politiques, et de longues habitudes s'étant formées par suite de ces premières institutions, la somme des prospérités n'aurait pas pu devenir la même pour l'Angleterre. Le respect inné de cette nation pour ses lois et pour la propriété, cette rectitude de sens qui ne trouve rien que de

(1) For forms of government let fools contest;
Whate'er is best administe'rd is best.

naturel dans les supériorités sociales; voilà ce qui toujours, et indépendamment de tout autre cause, l'aurait élevée au plus haut rang. Sa position géographique qui lui ouvre toutes les voies de la fortune devait faire le reste; et il n'en fallait pas tant pour fonder cet édifice de puissance que nous voulons attribuer à une seule cause, quand il dérive de plusieurs.

Il était digne, de messieurs du *Journal des Débats*, de chercher, dans le caractère national et dans les institutions primitives de l'Espagne, ce qui s'adapterait le mieux aux circonstances du moment, ainsi qu'à l'avenir, aujourd'hui si incertain, pour cette nation si digne d'un meilleur sort. Je ne parle point de ces anciennes Cortès, dont les principes, ainsi que l'observe avec beaucoup de justesse le *Journal des Débats*, conduiraient directement aujourd'hui à l'anarchie, tandis qu'à une époque reculée, et dans les idées du temps, le fameux *sino no* des Aragonais, ne fut qu'une formule prononcée comme *ab irato*, dans un moment orageux, par le peuple le plus fier de l'Espagne, et qui, dans la suite des temps, resta à peu près sans valeur. Témoin le calme qui régna presque toujours dans les Cortès postérieures, et la dignité avec laquelle y parlèrent les rois. A ce sujet, je ne puis m'empêcher de citer le discours prononcé aux Cortès de 1560, par ce Philippe II, dont je suis bien loin de vouloir justifier toute la politique, mais dont toutes les grandes qualités et la hauteur de caractère sont encore si peu connues, quoiqu'on ait tant de fois écrit la vie de ce prince. Il s'agissait d'une réforme de lois. La voici :

« Castillans, *disait-il*, je vous ai réunis pour » aviser aux moyens d'augmenter, en tout ce qui » sera possible, le bien de notre pays. Là est » votre bonheur, le mien, et tout ce que l'État » et moi pouvons désirer de gloire. A cet effet, il » nous faut des loix qui, sans faire perdre de vue » les anciennes, s'accommodent aux nécessités du » temps et suffisent à réformer les abus; elles seront justes, point trop sévères et en petit nombre : car beaucoup ne pourraient encore tout » prévoir, et c'est de leur complication que les » fourbes apprennent à les éluder et les méchans » à ne pas les craindre. Qu'elles soient selon la loi » de Dieu; qu'elles inspirent les bonnes mœurs, » partant le desir du bien; et enfin, que, conformes à la marche de la nature, tout y tende à la » conservation et au meilleur ordre de la société. » Vous vous arrêterez aux choses reconnues possibles; au-delà serait le vague; et, de l'inutilité » de vos efforts, il résulterait moins de considération pour le législateur et moins de respect » pour les loix. Ai-je besoin d'ajouter qu'avant

» tout, nos loix doivent être claires, précises et à
» l'abri de toute fausse interprétation. Cela seule-
» ment peut empêcher l'arbitraire du juge, et don-
» ner un frein à l'autorité qui doit être toujours
» au-dessus du peuple, jamais contre lui. Je vous
» ai parlé du respect que vous devez aux loix an-
» ciennes. Ne répudions pas cette partie du noble
» héritage de nos pères; ne changeons rien que
» ce que le temps et l'expérience auront démon-
» tré devoir nuire plutôt que convenir, et ne dé-
» truisez pas, alors qu'il s'agit seulement de ré-
» former.

» Castillans, je vous ai montré le bien; de-
» mandez à Dieu, votre Maître et le mien, qu'il
» vous inspire le mieux (1).

---

(1) Il s'en faut bien que j'aie pu donner à la traduction de ce discours la force, la majesté et la simplicité de l'original; mais elle est fidèle, et la perfection de langage de ce discours me fait songer à une sorte de dommages que causent encore à l'Espagne ses révolutionnaires. Cette langue espagnole, autrefois si majestueuse, si fière, avait été depuis long-temps corrompue par de nombreux traducteurs d'ouvrages français ou italiens, choisis, à un petit nombre près, parmi les plus médiocres dans ces deux langues. C'est bien pis aujourd'hui; elle est devenue comme une sorte d'argot mal entendu dans les provinces, et que les grands écrivains de la nation, s'ils vivaient encore, comprendraient à peine

Ne serait-ce point là une leçon et un guide pour ce qu'il y aurait à dire aujourd'hui aux Espagnols, et pour les réformes que réclame incontestablement leur gouvernement? Au lieu d'un sujet si propre à provoquer leurs méditations, les publicistes des *Débats*, viennent nous parler de ce qu'ils appellent *la matière ministérielle*, qu'ils prétendent être épuisée dans ce pays, auquel cependant il faudra plus que jamais des ministres espagnols, quand on lui aura donné un véritable Gouvernement.

Au reste, que ces messieurs se rassurent; à moins que nous ne nous entendions pas sur ce qu'il faut appeler *des ministres*, l'Espagne n'en manquera jamais. J'ai déjà parlé du profond bon sens et de cette rectitude de jugement qui, hors des temps de crise où les passions compriment et dénaturent tout, distinguent la nation espagnole entre toutes les autres. Voilà déjà des qualités essentielles pour des ministres; et on les trouvera facilement réunies avec les connaissances spéciales propres à chaque ministère. Un autre avantage encore, c'est que, dans la vie habituelle des Espa-

---

quelques mots. Pour s'en convaincre, que l'on lise les journaux et les nombreux pamphlets qui paraissent journellement à Madrid.

gnols, peu de distractions viennent les détourner de leurs devoirs, et que, dans la série de leurs ministres, depuis Philippe V jusqu'à nos jours, aucun n'a laissé une fortune que l'on puisse citer. Ce désintéressement, qui assurément est une vertu, doit en faire supposer beaucoup d'autres. Une seule exception est à faire, et c'est ce Godoy qui, pendant la longue période de ce favoritisme auquel on peut faire remonter toutes les infortunes de l'Espagne, confondit son trésor avec celui de l'État et n'épuisa que celui-ci.

Je m'abstiendrai, ainsi que l'a fait le *Journal des Débats*, de rien proposer sur cette Constitution qui doit établir en Espagne un ordre de choses durable, et à jamais rassurant pour l'Europe. Toutefois il m'est permis de dire qu'il faudra l'aller chercher dans les racines, pour ainsi parler, du cœur espagnol. Tout devra y rappeler les habitudes de la nation, et ces souvenirs qui sont en quelque sorte comme un second culte pour elle. Or, je le demande, ces formes de gouvernement qui excluent en quelque sorte le passé, ces ressorts compliqués et bruyans, ce parlage continuel de tribune, ces événemens de tous les jours, qui, tous les jours rendent plus ou moins incertains ceux du lendemain ; tout cela, dis-je, peut-il convenir à ce calme méditatif où se complaît l'Espagnol, et qui est bien loin d'exclure ce courage brillant qu'il a montré dans toutes ses guerres et dans ces expéditions aventureuses, qui lui ont fait donner à la terre un nouvel hémisphère.

Qu'on vienne nous parler après cela de ces trois démocraties qui divisent l'Espagne en ce moment ? Pourquoi *les Débats* n'ont-ils pas dit plutôt que cette exaltation, commune aujourd'hui à toutes les classes de la nation, leur donnait à toutes en général comme une sorte d'allure démocratique ? N'est-il pas venu aussi dans l'idée de je ne sais plus quel auteur anglais, de regarder comme une disposition prochaine au républicanisme, cette fierté de caractère et cet orgueil espagnol qui ont été si souvent tournés en ridicule par un peuple qui, lui aussi pourrait avoir de l'orgueil au lieu de cette misérable vanité, source féconde de folies et de toutes les passions qui l'agitent.

Et qui sait si l'on n'ignore pas encore en France, comme ailleurs, que cette espèce d'orgueil marche toujours en Espagne, accompagné de dignité et de véritable indépendance. On y flatte rarement les grands, bien moins encore leur porte-t-on envie ; et c'est là seulement que j'ai vu en Europe toutes les supériorités sociales environnées à la fois de respect et de familiarité ; ces nobles habitudes remontent à la plus haute antiquité chez les Espagnols, bien supérieurs en cela aux anciens Romains, qui ne furent pas long-temps à prostituer aux richesses et à l'usurpation leur titre de citoyen, et qui, à la fin, ne conservèrent d'un patronage si honorable dans l'origine, qu'une basse dépendance et des *sportules* (1).

Ce n'est point sans raison que je me suis étendu sur le caractère de la nation espagnole. J'avais à cœur de prouver qu'avec les hautes qualités et les habitudes qui la dominent, avec des idées si positives sur tout ce qui tient à son bien-être, il serait bien difficile de la maintenir long-temps dans les abstractions. Le gouvernement qu'elle adoptera de préférence

---

(1) Qu'on n'oublie pas, en lisant tout ce que je dis du caractère espagnol et surtout du genre de gouvernement qui conviendrait le mieux à l'Espagne, que tout cela sera probablement contredit et réprouvé par beaucoup d'Espagnols et bien plus particulièrement par une grande partie de ceux qui se trouvent à Paris, pour qui il serait possible que tout gouvernement improvisé fût bon, pourvu qu'ils pussent se resaisir ou des places ou du crédit dont plusieurs sont déchus. Et d'ailleurs comment leur courtoisie refuserait-elle de proclamer le meilleur des gouvernemens, celui du peuple chez lequel la plus douce hospitalité les accueille, et où ils se trouvent environnés de plaisirs de tous les genres.

à tous les autres, sera celui qui la jettera le moins loin des voies où elle aime à retrouver sans cesse la trace des pas de ses pères. L'Espagnol donc, quoi qu'on en puisse dire, restera toujours monarchique. Une fois délivré de ses tyrans et rendu à lui-même, on le verra rentrer sans effort dans ses anciennes institutions qu'il faudra modifier sans doute d'après les nécessités du temps; mais jamais conformément à ce qu'on appelle *les lumières du siècle*, mot d'argot habilement inventé par les révolutionnaires, et que répètent si niaisement beaucoup d'honnêtes gens, sans songer que les perfectionnemens de l'industrie et les progrès des sciences physiques ont peu à faire avec les lois, et qu'en fait de gouvernement et de bonheur des nations, il ne peut être question que des sciences morales et administratives. Or, bien loin que celles-ci se soient perfectionnées, tout, au contraire, a contribué à les compliquer et à les obscurcir.

Combien de choses à ajouter encore, si l'on voulait répondre à tout ce qu'on a lu dans le *Journal des Débats* du 8 décembre. Est-il bien vrai, par exemple, que ce n'est qu'en vertu de son pouvoir absolu que Ferdinand a dissous et recomposé tant de ministères depuis deux ans? (1)

(1) *Les Débats* distinguent parmi ces ministres de Ferdi-

Une puissance bien supérieure à la sienne n'a-t-elle pas toujours ordonné, au contraire, le renvoi et le choix de tels ou tels ministres? Ensuite, que veut-on entendre par *hommes politiques?* car il n'est point d'homme aujourd'hui qui ne se mêle de politique; et n'est-ce point un effet inévitable des gouvernemens dits *constitutionnels*, d'appeler en quelque sorte tous leurs sujets à la discussion, sinon publique, au moins privée et journalière des matières politiques, ce qui, pour le dire en passant, ne contribue pas toujours à les éclaircir (1). Malgré cela, messieurs

---

nand, éloignés presque en même temps qu'appelés, MM. Pizarro et Garay; je crois reconnaître ici la voix d'un parti modéré, sans doute, et très-honorable à beaucoup d'égards, mais qui peut-être ne devrait pas être écouté à cette époque où il y aura à former un ministère tout-à-fait espagnol.

(1) La religion, comme il plaisait aux Espagnols de l'entendre et comme il eût été heureux peut-être qu'elle eût été entendue ailleurs, interdisait à ce peuple toute discussion sur les matières religieuses; et par une sorte d'induction de ce principe, il se livrait rarement aux discussions politiques. Il a suffi de deux ans pour changer cela en excès contraires, et l'on peut en juger par tout ce qui se publie aujourd'hui à Madrid. Voilà bien dans son plus grand développement, cette liberté de la presse, que l'on dit être une conséquence nécessaire de tout régime constitutionnel et avec laquelle beaucoup de gens s'obstinent à ne pas concevoir la possibilité d'un gouvernement paisible et régulier. e temp

des Débats veulent que les curés, les marchands et les avocats soient exclusivement les *politiques* de l'Espagne. Passe pour ces derniers, qui le seront partout et toujours, ce qui s'explique bien aisément; mais pour ce qui concerne les curés et les marchands espagnols, il est bien sûr que jamais ils ne s'occupent de ces sortes d'affaires, à moins qu'il ne s'en présente où leurs intérêts se trouvent gravement compromis. Voilà donc encore une classification tout aussi peu fondée que ces trois démocraties dont il a déjà été parlé.

Tout cela me force de supposer que les renseignemens fournis aux *Débats* n'ont pas été toujours exacts. Quelquefois aussi il leur arrive de tirer de faits bien notoires, des conséquences qui sont loin d'avoir toute l'importance qu'ils veulent leur donner. Des grands d'Espagne assistent aux sociétés patriotiques; des seigneurs

---

viendra sans doute où tous verront ce qui devait résulter de désordres et de dangers de cette licence de la presse. Alors, il paraîtra incroyable qu'à une époque de *lumières* on n'ait pas su trouver de lois pour reprimer l'audace des journaux; et ce que l'on croira encore moins, c'est que, par le plus inconcevable des calculs, les souverains chargeassent leurs propres courriers de porter dans toute l'étendue de leurs États des feuilles propagatrices journalières de scandales et de maximes subversives, dont eux et leurs sujets devaient finir par être les victimes.

féodaux se pressent de profiter des lois des Cortès pour vendre leurs fidéi-commis ; que faut-il conclure de cela? Rien autre chose, sinon que plusieurs de ceux-ci, n'ayant pas d'héritiers directs, mais beaucoup de dettes, ont cru ne pouvoir se débarrasser assez tôt de créances ruineuses et d'héritiers avides qu'ils connaissaient à peine, et auxquels cependant ils ont dû céder une partie du produit de leurs ventes. Est-il possible, d'ailleurs, à ces féodaux de ne pas voir dans l'avenir des chances qui pourraient leur rendre plus ou moins nécessaires des ressources pécuniaires. Quant aux grands, leurs immenses fortunes donnant beaucoup de prise sur eux, ils font ce que faisaient tant de gens en France à une certaine époque, c'est-à-dire qu'ils s'associent en apparence aux fureurs populaires, pour n'en pas être victimes. Quelques-uns, à la vérité, paraissent s'être jetés franchement dans les rangs des révolutionnaires ; mais, on le sait trop, c'est particulièrement avec l'intention d'humilier leur Souverain, qui leur devait si peu, qui leur accorda tant, et dont ils attendaient encore ce qu'il était impossible qu'il leur donnât.

En résultat, cupidité, desirs de vengeance, doctrines et menées de toute espèce venues du dehors, voilà ce qui a donné naissance à la révolution d'Espagne ; la terreur du présent et l'incertitude de l'avenir ont fait le reste. Il n'en fut guère autrement en France, à cette époque désastreuse dont le souvenir devrait nous faire mieux juger de ce qui se passe aujourd'hui dans la Péninsule.

C'est assez, je pense, de ces Observations, qui, poussées plus loin et développées convenablement pourraient devenir la matière d'un volume. Au reste, de quelque manière que l'on veuille envisager mes opinions, on me rendra sûrement la justice de croire qu'elles sont désintéressées, et que j'ai écrit de conviction. L'avenir dira bientôt si je me suis trompé. Toutefois, nous sommes arrivés à des temps où tous les calculs de la raison et de l'expérience peuvent être déjoués et défiés en quelque sorte par des événemens que rien ne peut empêcher, lorsqu'une politique timide n'a pas voulu les prévoir (1).

---

(1) Il pourrait se faire que nos publicistes *des Débats* me fissent l'honneur de répondre à ce peu de pages; je le dis d'avance, je ne répliquerai pas : d'abord, parce que la conviction s'altère toujours plus ou moins dans ces sortes de polémiques, et que je veux conserver toute la mienne; ensuite, parce que je ne suis rien moins que sûr de la vérité de ce qui a été dit si souvent : Que la lumière jaillit toujours du choc des opinions.

www.ingramcontent.com/pod-product-compliance
Lightning Source LLC
LaVergne TN
LVHW010409240826
846091LV00020B/2859

* 9 7 8 2 0 1 1 7 6 6 9 1 5 *